LA RÉPUBLIQUE

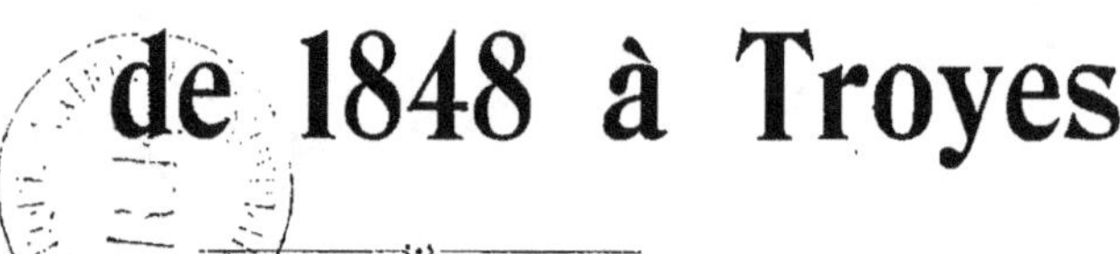

de 1848 à Troyes

I. — Les Débuts (24 Février - 2 Mars)

PAR

Octave BEUVE

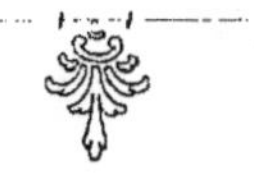

ANCIEN ÉLÈVE DE L'ÉCOLE DES CHARTES

BIBLIOTHÉCAIRE-ARCHIVISTE DE LA VILLE DE CHALONS-SUR-MARNE

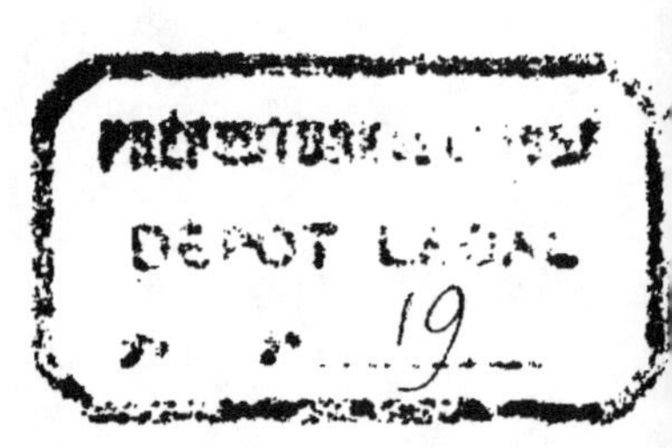

GRANDE IMPRIMERIE DE TROYES

126, rue Thiers, 126

—

1911

LA RÉPUBLIQUE

de 1848 à Troyes

I. — Les Débuts. (24 Février - 2 Mars)

PAR

Octave BEUVE

ANCIEN ÉLÈVE DE L'ÉCOLE DES CHARTES

BIBLIOTHÉCAIRE-ARCHIVISTE DE LA VILLE DE CHALONS-SUR-MARNE

GRANDE IMPRIMERIE DE TROYES

126, rue Thiers, 126

1911

LA RÉPUBLIQUE DE 1848

A TROYES

I. — Les Débuts (24 Février - 2 Mars)

Dès le 24 février, le manque de nouvelles de la capitale et les rumeurs relatives aux événements qui s'y passaient occasionnèrent à Troyes une agitation générale qui s'accrut le lendemain (1).

Dès huit heures du matin, rapporte un témoin oculaire (2), la ville de Troyes était dans l'inquiétude. Les diligences de Paris qui passaient ordinairement vers le milieu de la nuit n'avaient point paru. La rue des Lorgnes (3), où se trouvait le bureau de la direction des postes, se remplit rapidement, ainsi que les rues voisines, de groupes attendant avec impatience la malle-poste qui arrivait généralement entre six et sept heures. Vaine attente ! La voiture du Commerce et la Troyenne (4), qui arrivaient tous les jours vers neuf heures, n'étaient pas encore signalées à midi.

« La situation des esprits est indescriptible, déclarait, au soir de cette journée, *Le Propagateur, journal de l'Aube* (5) ; les sentiments les plus divers animent les habitants ; tous les propos qui peuvent donner le moindre indice sur ce qui se passe à Paris sont accueillis et répandus avec empressement.

« Ce matin, plusieurs citoyens se sont rendus à la Préfecture pour

---

(1) Aufauvre (Amédée), *Almanach de Troyes…* pour 1857, page 33.

(2) Harmand, bibliothécaire de Troyes, dans son *Journal des Événements, survenus à Troyes, en 1848* ; à la Bibliothèque nationale, *nouvelles acquisitions françaises*, n° 10.707. Nous en avons fait prendre copie.

(3) Aujourd'hui la rue Charbonnet.

(4) *Les Troyennes*, entreprise de voitures faisant le service direct de Troyes à Paris en 12 heures. Départ : 6 heures du soir ; arrivée : 6 heures du matin ; bureaux à Troyes, rue de l'Epicerie, n° 9 ; à Paris, rue du Bouloy, n°s 7 et 9. (V. *L'Aube*, n° du 13 Mai 1848.)

(5) N° du 25 février 1848.

savoir de M. le Préfet si des estafettes ne lui seraient point parvenues. M. le Préfet n'avait, a-t-il répondu, aucune communication officielle qui pût le renseigner sur la nouvelle phase que les événements, dont la capitale a été le théâtre depuis avant-hier soir, ont subie. M. le Maire de la ville n'avait pas non plus, de son côté, de renseignements qui pussent faire cesser l'état d'incertitude dans lequel la population vit depuis ce matin. »

Les Troyens, cependant, se rendirent compte que quelque chose de très grave se passait à Paris. Bientôt, une rumeur courut : La capitale est en pleine insurrection, une lutte terrible y est engagée ! Une crainte vague agitait tous les cœurs (1). Le Conseil municipal se réunit en séance extraordinaire et se déclara en permanence pour aviser aux moyens d'assurer la tranquillité publique et prêter un concours de tous les instants à l'Administration municipale. Diverses mesures concernant le service de la Garde nationale furent arrêtées immédiatement (2).

Sitôt la nuit tombée sur cette journée d'angoisse, trois hommes, dont nous aurons souvent à parler dans la suite de ce récit : Crevat, agent d'assurances militaires, Basset, avoué, et Lefebvre, notaire, connus tous trois, à Troyes, pour leurs opinions républicaines, coururent en chaise de poste à Paris (3).

La nuit fut calme ; le lendemain 26, à dix heures du matin, les premières nouvelles parvinrent à Troyes. Le sieur Kotbaur, arrivant de la capitale par la diligence du Commerce, raconta que Paris était en combustion. Sur différents points, dit-il, la fusillade se fait entendre. Des barricades ont surgi dans toutes les rues, la circulation des voitures est devenue impossible. Désireux de rentrer à Troyes, j'ai dû aller à pied jusqu'à Charenton ; là j'ai trouvé la voiture... (4) »

Ces renseignements se répandirent comme une traînée de poudre. Le sieur Ruotte, tenancier de l'Hôtel des Courriers, partit, avec quelques personnes, au-devant des nouvelles de Paris. Il rencontra, aux Grès, le courrier officiel que sa course à franc-étrier avait entièrement épuisé ; il le prit dans sa voiture et le transporta rapidement à Troyes. Il prit la dépêche et la porta lui-même à la Préfecture, vers quatre heures de

---

(1) Journal d'Harmand, à la date.
(2) Archives de la ville de Troyes. *Délibérations*, 25 février 1848.
(3) Journal d'Harmand.
(4) Journal d'Harmand.

l'après-midi. M. de Barthélemy, préfet de l'Aube (1), prit connaissance de la dépêche ministérielle dont voici la teneur (2) :

> Monsieur le Préfet,
>
> Le Gouvernement républicain est constitué ; la Nation va être appelée à lui donner sa sanction. Vous avez à prendre immédiatement toutes les mesures nécessaires pour assurer au nouveau gouvernement le concours de la population et la tranquillité publique. Faites-moi connaître, dans le plus bref délai, l'état de l'opinion, et informez-moi, en même temps, des dispositions que vous avez prises.
>
> Le Ministre de l'Intérieur,
> LEDRU-ROLLIN.
>
> *Paris, le 25 février 1848.*

M. de Barthélemy chargea le sieur Ruotte de transmettre au Maire de Troyes les instructions ministérielles (3) avec la lettre suivante (4) :

> Monsieur le Maire,
>
> Je me hâte de vous adresser copie de la dépêche que je reçois à l'instant de M. le Ministre de l'Intérieur du Gouvernement provisoire.
>
> Veuillez, je vous prie, donner à cette dépêche la publicité qu'elle exige, et prendre les mesures nécessaires pour en assurer l'exécution, en ce qui vous concerne.
>
> Agréez, Monsieur le Maire, l'assurance de ma considération très distinguée.
>
> Le Préfet de l'Aube,
> BARTHÉLEMY.
>
> *Troyes, le 26 février 1848.*

En remettant les documents à Ruotte, le Préfet lui recommanda de ne communiquer à personne les nouvelles, avant d'en avoir informé le Maire. Descendu dans la cour de la Préfecture, Ruotte s'empressa de lire la dépêche ministérielle à la foule qui l'avait suivi (5), de sorte que presque tout Troyes connaissait la proclamation de la République lorsque le Maire de Troyes fit placarder le texte de la dépêche de Ledru-Rollin, qu'il fit suivre de ces lignes :

... Le Maire compte sur les bons sentiments qui ont toujours animé la

---

(1) Journal d'Harmand.
(2) Archives de la ville de Troyes, D. *Événements de 1848.*
(3) Journal d'Harmand.
(4) Archives de la ville de Troyes, D. *Événements de 1848.*
(5) Journal d'Harmand.

population de Troyes ; il doit compter également sur le dévouement et la vigilance de la Municipalité pour le maintien de la tranquillité publique, qui sont la meilleure garantie de la liberté !

Le Maire,
VAUTHIER.

Troyes, le 26 février 1848 (1).

La malle-poste qui arriva à 9 heures du soir confirma la nouvelle de la proclamation de la République ; le drapeau rouge, d'ailleurs, flottait à l'impériale (2).

Chez les partisans du régime tombé, peut-être les plus nombreux à Troyes, la stupeur fut grande. La vue du drapeau rouge réveilla en eux les souvenirs de 1793 et les épouvanta (3). Le reste de la population, d'abord grandement étonné, manifesta ensuite sa satisfaction ; nombreuse fut la foule qui, dans la soirée du 26, sillonna les rues, chantant la *Marseillaise,* le *Chant du Départ* et d'autres chansons patriotiques. Des groupes nombreux s'étaient formés sur les quais et sur la place de la Préfecture. De là partit un long cortège composé « de corporations d'ouvriers parmi lesquels se faisaient remarquer des typographes; de gardes nationaux et... de curieux. Tout ce cortège se groupait autour d'un buste de la République porté par les typographes de la maison Cardon, sur un brancard, au son de la musique jouant la *Marseillaise* et le *Chant des Girondins* répétés par les assistants dont la masse compacte était éclairée par des torches » (4). L'ordre ne fut pas un instant troublé au cours de cette soirée.

« Des sérénades; écrit *Le Propagateur* (5), furent données à différentes personnes connues par le libéralisme de leurs opinions. Du reste, tout s'est passé avec un ordre, un ensemble et une mesure qui semblaient impossibles avec une aussi nombreuse réunion. Pas un acte, nous ne dirons pas de violence ou de brutalité, mais seulement d'inconvenance n'a été commis. Nous défions de citer une seule invective, et pourtant l'attitude de bien des gens était de nature à provoquer des manifestations hostiles et peut-être des collisions. Le cri de : *Vive la*

---

(1) Archives de la Ville de Troyes, D. *Événements de 1848.*

(2) Journal d'Harmand.

(3) Journal d'Harmand.

(4) Notes de Th. Boutiot, sur la Révolution de 1848 à Troyes. (Bibliothèque de Troyes, ms. nº 2751).

(5) Nº du 27 février 1848.

République ! était la seule manière dont on protestait contre ces façons d'agir. Pendant toute la soirée, la troupe de ligne (1) combinée avec la Garde nationale faisaient des patrouilles de prévoyance. Quand la foule se croisait avec elles c'étaient des cris de : Vive la Garde nationale ! Vive la Ligne ! A minuit, après une dernière sérénade devant la façade de l'Hôtel de Ville, tous les citoyens réunis se dispersèrent sans confusion, sans tumulte. »

Quelques enthousiastes avaient pénétré à l'Hôtel de Ville, étaient montés au beffroi et avaient sonné, pendant plus d'une heure, *l'ère nouvelle de la Liberté* (2).

Quelques-uns voulurent même abattre, sans plus tarder, le coq gaulois surmontant le beffroi ; ils percèrent le toit et furent « tout étonnés, d'abord, de trouver, au lieu du joujou qu'ils prétendaient enlever d'un tour de main, une bête colossale de six pieds d'élévation, formée de gros morceaux de bois grossièrement sculptés et fortement liés ensemble par des boulons de fer disparus dans le bois. Néanmoins, pour ne pas en avoir le démenti, ils se mirent à l'œuvre ; l'un des plus enragés parvint à se hisser dessus et comme la nuit qui était survenue l'empêchait de voir à sa besogne, on lui monta une lanterne qu'on tint à côté de lui, au bout d'un grand bâton. Il s'épuisa en vains efforts pendant plus de deux heures. Enfin, il en fut réduit, pour ne pas descendre les mains vides, à scier la tête que la troupe emporta en triomphe dans un cabaret où elle alla, à force de copieuses libations, se remettre des fatigues du patriotisme. Le lendemain matin on envoya chercher, pour terminer l'œuvre inachevée, des ouvriers couvreurs à qui il en coûta encore une demi-journée de travail. (3) »

Telles furent les manifestations publiques auxquelles donnèrent lieu, à Troyes, la chute du gouvernement du roi Louis-Philippe et l'avènement de la République.

Il est à noter que ces manifestations étaient toutes spontanées et plébéiennes ; que, seuls, des républicains de la veille, en petit nombre d'ailleurs à Troyes, en avaient pris l'initiative, entraînant avec eux l'élément ouvrier. La Municipalité, jusqu'alors, n'avait pas donné signe de vie ; elle s'était, il est vrai, nous l'avons vu, préoccupée du maintien de l'ordre, mais n'avait pas jugé à propos de faire la moindre démonstration

---

(1) Le 50ᵉ de ligne.
(2) Journal d'Harmand.
(3) Journal d'Harmand.

en faveur du nouveau régime. Et nous allons constater que l'adhésion qu'elle adressa au Gouvernement provisoire lui fut demandée par les républicains de Troyes et qu'elle la rédigea, comme elle le dit elle-même, pour imiter les municipalités de France qui l'avaient devancée dans cette voie.

*
* *

Le lendemain 27 février était un dimanche. Dès le matin, des groupes de « chauds partisans » de la République se réunirent dans la cour de l'Hôtel de Ville, déclarant bien haut que le *devoir* de la Municipalité était de « faire une manifestation pour indiquer qu'elle adhérait au nouveau gouvernement » (¹).

Le Conseil municipal se réunit donc ; le Maire exposa que, « par suite des événements qui venaient de s'accomplir dans la capitale, un Gouvernement provisoire ayant été formé, *des adresses d'adhésion à ce Gouvernement avaient été faites déjà par plusieurs villes*. Il proposa d'*imiter* cet exemple et soumit au Conseil un projet d'adresse qui fut adopté (2) et dont voici le texte :

Adresse de la Municipalité de Troyes au Gouvernement provisoire.

La ville de Troyes applaudit au généreux dévouement qui inspire les représentants du Gouvernement provisoire; ils ont accepté avec courage la mission de maintenir l'ordre à l'intérieur et de faire respecter notre nation au dehors.

La ville de Troyes donne son adhésion franche et loyale au Gouvernement de la République.

Elle attend avec calme, avec confiance le vote des Assemblées nationales.

La République française a été jusqu'à ce jour forte dans la lutte, d'une modération admirable après la victoire ; qu'elle continue !

Notre ville salue avec orgueil les couleurs nationales que la victoire a promenées avec nos armées autour du monde. Elle remercie le Gouvernement provisoire de nous les avoir conservées.

Les efforts de la Municipalité tendront toujours à assurer l'indépendance nationale, à maintenir avec fermeté l'ordre, la tranquillité publique, la sécurité de tous.

C'est à ce double titre que nos sympathies vous sont acquises.

La Révolution de 1848 a été, dans la ville de Troyes, ce qu'elle a été à Paris après la lutte, calme, généreuse ! La population troyenne persistera

---

(1) Journal d'Harmand, à la date.
(2) Archives de la ville de Troyes, *Délibérations*, 27 février 1848.

.dans cette attitude qui l'honore ; elle comprend, avec tous les bons citoyens, que le désordre est l'ennemi le plus acharné de la liberté !

Signé : Vauthier, Regnault, Parigot, Argence, Brocard, Lasneret, Gayot, Delaporte, Vaudé, Coquet-Delalain, Bonnemain-Bacquiat, Baudin-Anheim, Duclozet, Berthelin, Desguerrois, Rambourgt, Anner-André, Paillot, Simonnot-Gervaisot, Demauroy, Ch. Huot, Douine et Cardon.

Troyes, le 27 février 1848 (1).

Une manifestation fut en outre organisée pour l'après-midi, la Garde nationale convoquée ; les canonniers coururent à leurs pièces. « Ils s'indignèrent qu'on osât leur proposer de tirer seulement les 21 coups de canon qui annoncent les fêtes ordinaires ; ils demandèrent et obtinrent de saluer par 101 coups de canon cet événement qu'ils appelèrent si glorieux, si sublime, et qui allait enfin donner tant d'aisance et de bonheur au pauvre peuple » (2).

A midi, une foule nombreuse, la Garde nationale, les Polonais réfugiés à Troyes, rangés sous leur drapeau, se trouvèrent réunis dans la rue de l'Hôtel de Ville et aux environs. Le Maire donna lecture sur le perron de l'Hôtel de Ville de la proclamation reproduite plus haut. Le cortège se mit ensuite en marche. La figure de la Liberté était portée, sur un brancard orné de tentures et de feuillages, par des délégués des typographes qui venaient tous en corps à la suite ainsi que les autorités. La marche était fermée par la cavalerie et l'artillerie, accompagnée de ses pièces de canon. Le 50ᵉ de ligne, en garnison à Troyes, prenait également part à la fête. On sortit de la cour de l'Hôtel de Ville ; on gagna l'Embarcadère, le mail de la Madeleine ; « l'artillerie s'établit sur la place du Ravelin et bientôt la canonnade retentit. Les éléments eux-mêmes prirent part à la fête ; un vent furieux sifflait dans les arbres ; une pluie abondante vint tempérer à propos les trop bouillantes ardeurs » (3).

Suivant un témoin oculaire, très hostile, il est vrai, au nouvel état de choses, l'enthousiasme aurait été mince, en dépit des salves d'artillerie.

---

(1) *L'Aube*, nᵒ du 29 février 1848.

(2) Journal d'Harmand.

(3) Voir le Journal d'Harmand ; les notes de Th. Boutiot (ms. nᵒ 2751) et le *Propagateur* du 28 février 1848.

« Je doute, écrit-il, que les meneurs soient fort satisfaits de l'enthousiasme de la population ; pas un cri ne s'est fait entendre, ni dans les
rangs de la Garde nationale, ni dans la foule du peuple. On semble subir
plutôt qu'accueillir cette République » (1). Ce témoignage est contredit
par celui d'un autre témoin oculaire, Th. Boutiot, sympathique au
nouveau régime. « Malgré le mauvais temps, nous dit-il, cette fête dura

L'embarcadère de la ligne de Troyes à Montereau, inaugurée en avril 1848 ; incendié en
1855, a fait place au Lycée

au moins trois heures ; l'enthousiasme paraissait animer tous les
Citoyens » (2). Le *Propagateur* constate que dans la soirée la plupart
des maisons étaient illuminées et qu'au théâtre fut chantée la *Marseillaise* (3).

La série des jours calmes était close. Une période d'agitation allait
s'ouvrir dès le lendemain 28 février.

---

(1) Journal d'Harmand.
(2) Ms n° 2751.
(3) N° du 28 février 1848,

Ce jour-là, à huit heures du matin (1), le citoyen Labosse, avocat établi à Troyes depuis deux ans seulement (2), connu pour ses opinions républicaines, se présentait à la Préfecture, muni des pouvoirs de Commissaire du Gouvernement provisoire près le département de l'Aube. Il était arrivé de Paris durant la nuit; ses pouvoirs étaient analogues à ceux de l'ancien préfet. Il prit possession de la Préfecture et vit arriver plusieurs citoyens appartenant à l'ancienne opposition qui venaient lui offrir leur concours (3). Labosse, que les partisans du ci-devant roi des français représentaient méchamment comme un « avocat sans cause qui, en attendant la mort trop tardive de son beau-père, a pour toute fortune des dettes assez considérables » (4), du reste peu connu à Troyes, n'était ni populaire, ni impopulaire. Le choix fait de sa personne ne souleva pas grande émotion et ce fut avec une certaine indifférence que les Troyens lurent la proclamation suivante qu'il fit afficher à Troyes dans la journée.

Proclamation de M. le Commissaire du Gouvernement

RÉPUBLIQUE FRANÇAISE

Citoyens du département de l'Aube,

Une révolution vient de s'accomplir. Après une lutte héroïque, le peuple, la Garde nationale et les écoles de Paris ont chassé un roi traître à ses serments et à son origine populaire. La monarchie a disparu à jamais du sol français; la République a été proclamée, un Gouvernement provisoire a été constitué.

Je viens d'être appelé par ce Gouvernement aux fonctions de Commissaire près l'administration de l'Aube, avec toutes les attributions du préfet du département.

Je compte sur vous, sur votre patriotisme, pour m'aider à accomplir la noble tâche qui m'est confiée.

Comptez, de votre côté, sur mon zèle pour développer *la liberté, l'égalité et la fraternité*, qui sont la base du Gouvernement républicain.

Déjà, vos cœurs ont sympathisé avec ceux de nos frères de Paris; vous avez prouvé que si vos droits, votre liberté étaient méconnus, si la France était en danger, vous seriez prêts à les défendre.

La patrie compte sur vous.

La plus grande tranquillité règne dans Paris; les braves combattants

---

(1) Journal d'Harmand.

(2) Th. Boutiot, ms. 2751.

(3) Th. Boutiot, ms. 2751.

(4) Journal d'Harmand.

montrent autant de calme après la victoire, qu'ils ont montré d'audace dans le danger.

Vous les imiterez et vous vous montrerez dignes du titre de Républicain.

Le Commissaire du Gouvernement près l'Administration de l'Aube,

LABOSSE (1).

Nul doute que si le citoyen Labosse fût resté seul chargé des

Crevat

fonctions de Commissaire près le département, la ville de Troyes n'eût point connu la période d'agitation qui allait suivre.

Une heure à peine s'était écoulée depuis l'instant où Labosse avait

(1) *L'Aube*, n° du 29 février 1848.

pris possession de la Préfecture que le citoyen Crevat s'y présentait avec des pouvoirs semblables et s'y installait lui-aussi (1).

Crevat avait été « blessé à tous les combats livrés dans Paris depuis 1830 »; il avait trempé dans les complots républicains d'avril 1834 et avait été condamné par la Cour des Pairs à plusieurs mois de prison. Il était parvenu à briser ses fers et s'était réfugié en Belgique. Là, encore, il avait fait de la propagande (2). Depuis quelques années il était venu exercer, à Troyes, la profession d'agent de la maison J.-B. Bossuot (3), qui s'occupait d' « assurances contre les chances du tirage au sort et de remplacements militaires pour les départements de l'Aube et de l'Yonne » (4) .

Sans doute, le choix de cet ancien prévenu d'avril 1834, qui avait souffert pour ses convictions républicaines, avait paru excellent au Gouvernement provisoire. Sa nomination, en réalité, avait été une grosse faute et l'agitation qui naquit à Troyes à cette nouvelle ne devait se terminer que le jour de sa révocation (12 avril 1848).

« Le bruit rapidement répandu dans la ville de l'installation de Crevat à la préfecture, souleva contre ce dernier un dégoût général. Il répugnait à tous de voir à la tête du département un marchand de chair humaine. » C'est ainsi qu'on s'exprimait (6). Des paroles imprudentes du citoyen Crevat allaient soulever contre lui un tolle général et déchaîner la tempête.

Crevat, à peine arrivé à la Préfecture, annonça qu'il constituait une commission exécutive, un comité républicain, composé des sieurs Lefebvre, notaire, V. Basset, avoué, Chéron, fondeur-doreur, Tortel, conducteur des ponts-et-chaussées (6). « Ce comité, déclara quelques jours plus tard l'un de ses membres, ce comité avait pour mission et pour but de délibérer sur les affaires d'intérêt public, de faire pénétrer l'idée républicaine dans les masses et de préparer et réunir les éléments électoraux en vue d'une lutte prochaine » (7). Puis Crevat, en quelques mots, exposa son programme, qui jeta la consternation parmi les personnes

---

(1) Journal d'Harmand.
(2) *Le Propagateur*, supplément au nº du 2 mars 1848.
(3) Rue de la Montée-des-Changes, nº 7.
(4) Voir *Le Propagateur* du 25 février 1848, aux annonces.
(5) Journal d'Harmand.
(6) Th. Boutiot, ms. nº 2751.
(7) Lettre de l'avoué Basset au rédacteur du *Propagateur* (nº du 2 mars 1848).

présentes (1); il déclara d'ailleurs qu'il se rendrait dans la journée à l'Hôtel de Ville pour faire connaître publiquement ses intentions (2).

« Vers une heure, les Conseillers municipaux, réunis à la hâte, entendirent l'exposé des projets du Commissaire Crevat. L'inquiétude augmenta encore. A deux heures, Labosse, Crevat et les Membres de la

Le Général baron Gautherin, commandant la Garde
nationale de Troyes, en 1848

commission exécutive se rendirent dans la grande salle de l'Hôtel de Ville et là, en présence d'une foule considérable, le Commissaire Crevat, ceint d'une écharpe rouge, dit entr'autres choses : « Nous allons régénérer la Garde nationale, nous jetterons 3.000 prolétaires dans ses rangs ; à partir de ce jour-là, la Garde nationale est dissoute ». De nombreux gardes nationaux étaient présents qui entendirent ce « discours échevelé ».

(1) Th. Boutiot, ms. 2751.
(2) Th. Boutiot, ms. 2751.

« La stupéfaction fut l'impression produite par les paroles de ce Commissaire en ceinture rouge soutenu par une commission exécutive portant le même signe de ralliement. La foule descendit silencieuse. Chacun avisa aux moyens de détruire les projets de cet audacieux.

Des groupes où respiraient la crainte et l'inquiétude se formèrent bientôt, stationnant dans tous les quartiers de la ville. Dans la soirée une foule compacte, composée d'ouvriers, de commerçants, d'officiers ministériels se porta spontanément à l'Hôtel de Ville où le Conseil municipal était réuni » (1).

Quelques instants avant l'ouverture de la séance, Crevat, qui de concert avec son collègue Labosse avait témoigné au Maire le désir de se rendre au sein du Conseil pour « s'entretenir des principales mesures qu'il serait important de prendre dans l'intérêt de la ville de Troyes et de la cause républicaine », s'était fait introduire dans la salle des délibérations pour demander à la Municipalité que les citoyens Basset, Lefebvre, Guéret, Tortel et Chéron, membres du Comité républicain de Troyes, soient admis à la séance. Le Maire s'était empressé d'accueillir cette requête et le Comité avait été introduit immédiatement (2).

La séance ouverte, Crevat s'installa au fauteuil de la présidence et prit la parole : « L'heure fixée pour l'ouverture de la séance étant passée de plus de vingt minutes, dit-il, il n'y a pas lieu d'attendre mon collègue Labosse, sans doute empêché ». Il fit ensuite connaître les pouvoirs à lui délégués par Ledru-Rollin, Ministre de l'Intérieur, et sollicita le concours du Conseil pour remplir la mission que son collègue et lui avaient reçue du Gouvernement provisoire de la République (3).

Il était environ huit heures du soir; « la foule ameutée sous les fenêtres de la salle du Conseil municipal faisait retentir les cris de Vive Labosse ! et restait silencieuse sur le deuxième Commissaire ». M. Labosse (arrivé sur ces entrefaites), étant descendu de la salle, « fut porté sur les épaules de deux citoyens jusqu'à la préfecture, entouré de la foule qui le suivit jusque dans l'intérieur des appartements » (4).

Crevat, cependant, avait achevé sa déclaration. Quelques membres du Conseil lui demandèrent alors « des explications sur la résolution annoncée par lui dans la grande salle de l'Hôtel de Ville, concernant la

---

(1) Th. Boutiot, ms. 2751.

(2) Archives de la ville de Troyes, *Délibérations*, 28 février 1848.

(3) Archives de la ville, *Délibérations*, 28 février 1848

(4) Th. Boutiot, ms. 2751.

dissolution de la Garde nationale. « Mes paroles, expliqua Crevat, ont été mal interprétées; mon projet est de réorganiser la Garde nationale en a complétant et en l'accroissant en nombre par l'introduction dans ses rangs de tous les Citoyens qui seront aptes à en faire partie. Jusqu'à ce que cette réorganisation soit effectuée, la Garde nationale actuelle continuera son service. » Là-dessus, une discussion « approfondie » commençait à s'engager, quand « soudain, des cris confus éclatent sous les croisées de la salle du Conseil »; c'était la foule qui, revenue de la Préfecture, « demandait la démission de Crevat, aux cris éclatants de A bas Crevat...» (1). Un officier de la Garde nationale entre dans la salle et informe le Maire que « ces cris partent d'un attroupement de plusieurs milliers de personnes qui demandent que quatre des leurs soient admis dans la salle des séances pour exposer les vœux de leurs concitoyens »(2).

Le Conseil se consulte; il accueille cette requête, les quatre délégués sont introduits et parlent : notre ville s'est vivement émue, ce soir, disent-ils, en entendant M. Crevat annoncer qu'il allait dissoudre la Garde nationale de Troyes et qu'il a formé un Comité républicain composé de MM. Basset, Lefebvre, Tortel, Guéret et Chéron, avec lequel il allait se concerter sur toutes les mesures qu'il croirait nécessaires de prendre en ce département dans l'intérêt du Gouvernement républicain. Une foule immense de Citoyens, actuellement dans la cour de l'Hôtel de Ville, s'est réunie tout à l'heure sur la place de la Préfecture; elle a décidé qu'il convenait d'exiger, d'une part, que M. Crevat et les membres du Comité républicain, institué par lui, donnent leur démission immédiatement et par écrit et, d'autre part, qu'en maintenant M. Labosse dans ses fonctions de Commissaire, il lui soit adjoint un comité composé de MM. Vaudé, Amédée Gayot, Habert, Renaud-Baudin, Argence et Finot, typographe » (3).

Un beau tapage accueillit cette requête formulée de catégorique façon et qui contrastait singulièrement avec la veulerie dont avait fait preuve la Municipalité depuis le 24 février. « Lorsque l'irritation se fut un peu calmée » (4), les membres du Comité républicain, présents à la séance, prirent la parole : « Ces prescriptions impératives, dirent-ils, mériteraient certainement de notre part un refus formel, d'autant plus que nous

---

(1) Archives de la ville de Troyes, *Deliberations*, 28 février 1848; Th. Boutiot ms. 2751.
(2) Th. Boutiot, ms. 2751.
(3) Th. Boutiot, ms. 2751.
(4) Archives de la ville de Troyes, *Délibérations*, 28 février 1848.

n'avons nullement recherché le mandat difficile que le citoyen Crevat a bien voulu nous confier. Cependant, nous nous reprocherions d'entretenir dans la ville une agitation fâcheuse, en persistant à remplir les fonctions dont le Commissaire du gouvernement nous a investis ». Le Conseil municipal leur faisant, « dans l'intérêt de la paix publique, de pressantes invitations », ils se déclarèrent enfin prêts à donner leur démission et l'offrirent au citoyen Crevat (1). « Quelques-uns la donnèrent verbalement; d'autres la donnèrent par écrit. Elle était ainsi conçue : « Nous donnons notre démission de Commissaires du Gouvernement. Troyes, 28 février 1848 ». Lefebvre, qui l'écrivit en déguisant son écriture, y apposa sa signature et passa ensuite le doigt dessus » (2). Après quelques hésitations, Crevat déclara « comprendre les motifs honorables qui déterminaient les membres du Comité dans leur résolution ». Puis il ajouta : « J'accepte leur démission ; quant à moi, tout disposé que je serais à donner la mienne dans le même but, je ne peux cependant le faire puisque je dois compte de mon mandat au Ministre de l'Intérieur, duquel je le tiens. Mais, si le Conseil pense que la tranquillité publique l'exige, je suis prêt à partir immédiatement pour Paris avec les délégués que le Conseil municipal jugera à propos d'y envoyer, pour en référer au Ministre de l'Intérieur » (3).

La Municipalité s'accrocha désespérément à cette branche de salut ; elle entrevit la possibilité de se débarrasser de ce Commissaire impopulaire. Aussi, « accueillit-elle avec empressement » sa proposition (4). Séance tenante, MM. Gayot, Argence et Delaporte, membres du Conseil, furent délégués à Paris ; mais M. Delaporte ayant exposé que le mauvais état de sa santé ne lui permettait pas de faire ce voyage, le Conseil le remplaça par le D' Desguerrois. L'un des conseillers fit ensuite adopter l'adresse suivante, destinée à être remise au Gouvernement provisoire par les trois délégués de la Municipalité :

La Municipalité de Troyes au Gouvernement provisoire de la République française

Citoyens gouvernants,

Jusqu'à ce matin, 28 février, l'ordre n'avait cessé de régner dans la ville de Troyes, tous les citoyens étaient unis dans une même volonté et dans un même enthousiasme républicain. Ce matin sont arrivés les citoyens

(1) Archives de la ville de Troyes, *Délibérations*, 28 février 1848.
(2) Th. Boutiot, ms. 2751.
(3) Archives de la ville de Troyes, *Délibérations*, 28 février 1848.
(4) Archives de la ville de Troyes, *Délibérations*, 28 février 1848.

Labosse et Crevat, munis des pouvoirs de Commissaires du Gouvernement provisoire ; ils étaient accompagnés de 5 autres citoyens, membres du Comité républicain de l'Aube, faisant les fonctions de commission près des Commissaires et institués par ces derniers.

Toute la journée ils ont fonctionné avec l'aide et le concours des autorités municipales. Soit que leurs actes et leurs paroles aient été mal interprétés, soit que leurs personnes aient trouvé peu de sympathie dans la population, ce soir, tandis que le conseil délibérait avec les citoyens Labosse et Crevat, un immense concours de peuple s'est porté dans la cour de l'Hôtel de Ville au cri de *Vive la République!* et après les manifestations les plus énergiques, il a demandé que le citoyen Labosse fût seul maintenu comme Commissaire du Gouvernement et qu'il s'adjoignît pour le seconder des Citoyens pris exclusivement parmi les meilleurs patriotes de la population troyenne. Ont été indiqués : MM. Vaudé, Gayot, Habert, Renaud-Baudin, Argence et Finot, ouvrier typographe. Ces noms ont été recueillis et proclamés, séance tenante, à l'effet d'être communiqués au Gouvernement provisoire de la République française.

Le Conseil municipal déclare, à l'unanimité, ratifier et approuver de toutes ses forces les demandes du peuple troyen ; à cette condition il répond du maintien de l'ordre ; il affirme qu'il n'y aura plus à Troyes qu'un seul vœu et qu'un seul cri : *Vive la République ! Vive le Gouvernement provisoire ! Vivent les Représentants !*

Le Conseil municipal supplie le Gouvernement provisoire de donner toutes créances à ses délégués qui lui remettront la présente adresse, et de ratifier ce que le Conseil lui demande en ce moment, de concert avec le peuple. Les 3 délégués du Conseil sont MM. Gayot, Argence et Desguerrois.

Fait en séance à Troyes, le 28 février, à minuit, et signé par les membres présents après lecture » (1).

« Pendant ces préparatifs, dit M. Th. Boutiot (1), je montai, sur les instances de quelques Citoyens, demander aux membres du Conseil délégués de faire leurs efforts pour obtenir M. Millard en qualité de Commissaire pour le département de l'Aube... Une malle fut mise à la disposition des délégués. Ils partirent vers minuit. La ville redevint calme après ce premier succès sur le commissaire Crevat qui partit pour Paris avec les trois conseillers municipaux délégués » (2).

L'agitation inquiétante qui s'était manifestée quelques heures auparavant fit place à une allégresse générale. Une promenade, musique en tête, s'organisa dans les rues de la ville. Labosse et le typographe Finot furent portés en triomphe (3). Pour détruire l'impression fâcheuse qu'avait produite l'annonce de la dissolution de la Garde nationale, les

---

(1) Archives de la ville de Troyes, *Délibérations*, 28 février 1848.
(2) Ms. 2751.
(3) Th. Boutiot, ms. 2751.

Commissaires avaient fait publier dans la soirée la proclamation suivante :

Les Commissaires du Gouvernement aux Citoyens de Troyes

La Garde nationale ne sera point dissoute, mais seulement réorganisée. Les Commissaires, obéissant aux ordres qui leur ont été donnés, introduiront dans la Garde nationale les éléments populaires qui donneront à la Nation et au Gouvernement les garanties d'union et de fraternité qui caractérisent les vraies républiques !

Vive la République !

Troyes, le 28 février 1848.

CREVAT, LABOSSE (1).

Sur les murs de la ville, à côté de cette proclamation arrachée à Crevat par la Garde nationale de Troyes, qui, essentiellement *bourgeoise*, n'entendait point se laisser *démocratiser*, s'étalait celle-ci que les deux Commissaires avaient signée :

RÉPUBLIQUE FRANÇAISE

Liberté — Égalité — Fraternité

Les Commissaires délégués du Gouvernement républicain, remplis du désir de voir l'union régner parmi les Citoyens, croient utile d'engager le peuple entier à se mettre en garde contre les interprétations malveillantes qui donneraient du Gouvernement républicain une fausse idée.

Le Gouvernement républicain veut le bonheur, l'émancipation et l'instruction du peuple dont il est sorti.

Le calme, l'ordre, la justice, le droit, présideront aux mesures que prendra le Gouvernement pour arriver vite et bien à l'émancipation matérielle et morale du peuple français.

Bien pénétrés de la mission qui leur est confiée, les Commissaires délégués du Gouvernement accompliront, avec le concours toujours si loyal et si désintéressé du peuple, la mission d'ordre et de régénération qui leur est confiée.

Troyes, le 28 février 1848.

Les Commissaires délégués du Gouvernement,

CREVAT, LABOSSE (2).

---

(1) Archives de la ville de Troyes : D. *Evénements de 1848.*

(2) Archives e l ville de Troyes : D. *Événements de 1848.*

A Paris, les Délégués virent plusieurs membres du Gouvernement provisoire, notamment Marie, Crémieux, Ledru-Rollin et Louis Blanc (1). M. Millard n'ayant pas voulu accepter les fonctions de Commissaire (2), le nom de M. Pance, ancien avocat à Troyes, qui avait laissé dans cette ville les plus honorables souvenirs, avait été indiqué au Gouvernement d provisoire pour remplacer Crevat ; mais Ledru-Rollin s'était opposé à sa nomination (3) et avait désigné, pour exercer, conjointement avec Crevat et Labosse, les fonctions de Commissaire, un de ses anciens secrétaires, rédacteur au *Journal du Pas-de-Calais*, le citoyen Lignier qui, après avoir occupé pendant dix ans une fort belle position comme avocat à Paris, était revenu vivre modestement à Pougy (Aube), son pays natal (4) ». Il avait été désigné, d'ailleurs, au choix du Gouvernement, par MM. Argence, Gayot et Desguerrois (5).

Le 2 mars, les Délégués du Conseil municipal, de retour à Troyes, rendirent compte de leur mission, annonçant que : « Tout en confirmant M. Crevat dans ses fonctions, le Ministre de l'Intérieur lui avait adjoint, ainsi qu'à M. Labosse, également conservé, un troisième Commissaire, M. Lignier, pour diriger, soit d'un commun accord, soit à la majorité des voix, les affaires du département de l'Aube (6). »

Le Conseil, après avoir témoigné sa satisfaction, décida de se rendre en corps à la Préfecture pour faire une visite aux trois Commissaires du Gouvernement (7).

Quelques heures après, s'étalait sur les murs de la ville la proclamation suivante :

Liberté — Égalité — Fraternité

Le Maire et les Adjoints de la ville de Troyes s'empressent de faire connaître à leurs concitoyens que le Corps municipal entier s'est rendu aujourd'hui auprès des trois Commissaires du Gouvernement provisoire de la République, les Citoyens Labosse, Crevat et Lignier, qui l'ont accueilli avec la plus grande cordialité ; qu'il y a eu témoignage réciproque de

---

(1) Th. Boutiot, ms. 2751.
(2) Th. Boutiot, ms. 2751.
(3) *Le Propagateur*, n° du 3 mars 1848.
(4) *Le Propagateur*, n° du 3 mars 1848. — *L'Écho d'Arcis*, n° du 11 mars 1848.
(5) Th. Boutiot, ms. 2751.
(6) Archives de la ville de Troyes. *Délibérations, 2 mars 1848.*
(7) *Ibidem.*

confiance pour concourir au maintien de l'ordre et de la tranquillité publique en cette ville.

Les Maire et Adjoints,
VAUTHIER, REGNAULT et PARIGOT (1).

La nouvelle de la nomination de Lignier fut accueillie avec joie à

Lignier

Troyes. Modéré, « excellent patriote de la veille et non du lendemain, ayant fait ses preuves en 1830, décoré de juillet, jurisconsulte distin-

---

(1) *L'Écho d'Arcis*, nº du 11 mars 1848.

gué » (1), le nouveau Commissaire apparut à tous comme destiné à neutraliser l'influence néfaste de Crevat.

Dès lors, jusqu'au 9 avril, ce sera l'accord parfait entre la population troyenne, la Municipalité et la Préfecture. Le calme régnera jusqu'à cette date ; ce jour-là, les ténébreuses menées de Crevat, qui s'appuie sur les Clubs, susciteront une émeute si terrible que de huit lieues à la ronde les paysans accourront armés de faux, de fourches et de fusils, aider la Garde nationale de Troyes, la vieille ennemie de Crevat, à débarrasser le pays d'un agité dont la présence à la tête du département faisait courir à Troyes, à l'ordre public et aux idées républicaines, le plus grand des dangers.

---

(1) Archives de la ville de Troyes : D. *Événements de 1848.*

90